27
Ln 11260.

ÉLOGE

DU PREMIER PRÉSIDENT

GUILLAUME DE LAMOIGNON

PRONONCÉ

A L'OUVERTURE DES CONFÉRENCES DU STAGE

LE 19 JANVIER 1862,

PAR

M. ALFRED LESTRADE

AVOCAT, DOCTEUR EN DROIT.

TOULOUSE
TYPOGRAPHIE DE BONNAL ET GIBRAC
RUE SAINT-ROME, 41.

1862.

ÉLOGE

DE

GUILLAUME DE LAMOIGNON.

MESSIEURS,

Vers le commencement du xvie siècle, dans cette terre privilégiée du Nivernais qui a donné à la France tant d'hommes remarquables, une noble et puissante famille, distinguée, depuis le temps des Croisades, dans la carrière des armes, renonçait tout à coup à ses habitudes guerrières et abandonnait la vie agitée des camps, d'où lui venait tout son éclat, pour entrer dans le sanctuaire paisible de la Justice. Ce fut, sans doute, par un vague pressentiment de ses destinées futures. La gloire, en effet, l'attendait dans la vie nouvelle qu'elle venait de se choisir, gloire solide et durable qui devait éclipser bientôt son illustration militaire [1].

---

[1] La famille de Lamoignon tirait son nom du fief de *Lamoignon*, situé dans un faubourg de la petite ville de Donzy, fief qui resta longtemps dans cette maison.

J'ai nommé, Messieurs, les Lamoignon : auguste race de guerriers devenus, sans craindre de déroger, magistrats et législateurs ; qui, en quelques générations, a produit deux hommes illustres et se rattache par eux à deux grandes époques de notre histoire, le siècle de Louis XIV et la révolution de 1789.

Il y a cinq ans à peine, une voix regrettée faisait revivre dans cette même enceinte, la noble figure de Lamoignon Malesherbes. Me sera-t-il permis aujourd'hui de vous entretenir, non plus de Malesherbes : après une telle voix, nul désormais ne l'oserait tenter ; mais de son aïeul, le premier Président de Lamoignon ? Puissé-je, dans la peinture que je vais essayer, ne pas rester trop au-dessous de mon personnage ! Puisse votre indulgence venir à mon aide, pour contrebalancer mon insuffisance et l'inhabileté de ma parole !

Guillaume de Lamoignon naquit le 20 octobre 1617, de Chrétien de Lamoignon, président à mortier au Parlement de Paris, et de Marie de Landes, fille de Guillaume de Landes, conseiller au même Parlement. Son aïeul paternel, Charles de Lamoignon, seigneur de Bâville, était entré, lui, le premier de sa famille, dans la magistrature, au commencement du règne de Henri II. Après avoir suivi, à Ferrare, les leçons du savant Alciat, et reçu le bonnet de docteur, il était revenu à Paris, où il fut successivement avocat, conseiller à la table de Marbre et au Parlement, maître des Requêtes et conseiller d'Etat. Universellement considéré pour l'étendue de ses connaissances et l'honorabilité de son caractère, il avait été désigné d'avance par l'opinion publique pour remplacer le vieux Chancelier de l'Hospital, quand une mort prématurée était venue l'enlever lui-même, à peine âgé de cinquante-neuf ans.

Entrée dans la robe depuis un demi-siècle, la famille de Lamoignon s'y était donc déjà fait, dans ce court espace de temps, une position considérable. Cet héritage d'honneur et de vertus ne devait pas déchoir entre les mains de Guillaume. Non content d'égaler ceux des siens qui l'avaient précédé dans la carrière, il devait encore lui être donné de les surpasser.

Formé par les leçons et les exemples d'un père, chez lequel toutes les vertus de l'homme de bien s'unissaient à la science la plus profonde et la plus variée, il donna de bonne heure les plus belles espérances. Il est vrai que les inclinations de l'élève vinrent puissamment aider les efforts du maître. Une mémoire prodigieuse, une imagination brillante et en même temps une précoce maturité de goût et de raison, tels furent les dons heureux que le jeune Lamoignon laissa d'abord paraître; et nul ne réussit mieux que lui à tirer parti de ces précieux avantages. Nourri des fortes doctrines de Dumoulin et de Cujas dont les enseignements étaient déjà populaires, épris d'un goût passionné pour les écrivains de l'antiquité, il s'appliqua, suivant la méthode qu'Alciat avait mise en faveur en Italie et qu'il tenait par tradition de Chrétien de Lamoignon son grand-père, à tempérer par la culture des belles-lettres, l'aridité naturellement inhérente à la science du droit.

C'est par cette étroite alliance de l'utile et du beau, qu'il acquit rapidement l'étendue du savoir et l'ampleur du talent, jointes à une merveilleuse intelligence des affaires.

Aussi, dès l'âge de dix-huit ans, à cette époque de la vie où la plupart ont encore tout à apprendre, Lamoignon était presque un homme accompli. On ne s'étonne donc plus de le voir en 1634 acheter une charge de conseiller au Parlement. Affronter aussi jeune un poste aussi important eût marqué chez tout autre plus d'empressement que de bon sens ; mais chez lui, dont l'esprit n'eut, pour ainsi dire, pas de jeunesse, cette nomination parut toute légitime et il s'acquitta de ses difficiles fonctions, mieux que ne l'eussent fait bien des hommes d'un âge plus mûr.

Animé d'un ardent amour pour la justice, pénétré de la grandeur de sa profession, Lamoignon avait mesuré dès l'abord toute la responsabilité qu'elle entraîne, toutes les vertus qu'elle comporte, tous les devoirs qu'elle impose, et il s'était fait une règle de conduite dont il ne devait jamais se départir. Loin d'imiter l'exemple de tant de magistrats de cette époque, qui n'achetaient leurs charges que pour satisfaire leur orgueil et mettaient leur vanité à les obtenir plutôt qu'à les exercer une fois qu'ils en étaient en possession, il redoubla au contraire de zèle et d'activité au travail, ne laissant jamais passer une occasion de se perfectionner et d'acquérir une solidité plus grande dans la pratique judiciaire. « Il y a peu de différence, disait-il lui-même, entre un juge méchant et un juge ignorant. L'un, du moins, a devant ses yeux les règles de son devoir et l'image de son injustice; l'autre ne voit ni le bien ni le mal qu'il fait. L'un erre avec connaissance et il est plus inexcusable, mais l'autre erre sans remords et il est plus incorrigible. Mais ils sont également criminels à l'égard de ceux qu'ils condamnent ou par erreur ou par malice. Qu'on soit blessé par un furieux ou par un aveugle, on n'en sent pas moins sa blessure; et pour ceux qui sont ruinés, il importe peu que ce soit par un homme qui les trompe ou par un homme qui s'est trompé. »

De si heureuses dispositions, secondées par une nature aussi richement douée, firent bientôt de Lamoignon un magistrat éminent et le portèrent, en quelques années, aux fonctions de maître des Requêtes. Les nombreux rapports qu'il présenta en cette qualité, pendant quatorze années consécutives, excitèrent, par leur élégante clarté et la fermeté de raisonnement avec laquelle les affaires y étaient exposées, l'admiration de tous ceux qui les entendirent ou qui les lurent. Ces œuvres remarquables ne sont pas parvenues jusqu'à nous; mais l'histoire en a du moins conservé le souvenir. Leur plus bel éloge est dans ces paroles de Louis XIV qui, encore enfant et peu fait aux matières juridiques, disait à ses conseillers : « Je n'entends bien que les affaires que Monsieur de Lamoignon rapporte. »

Pendant que Lamoignon, par les rares talents dont il donnait chaque jour de nouvelles preuves au sein du Parlement, devenait une des lumières de sa Compagnie, il déployait, sur une scène plus vaste, les vertus qui distinguent le bon citoyen et soutenait avec honneur l'épreuve si difficile des troubles civils.

Reportez-vous, Messieurs, par la pensée, à cette époque d'agitation et de désordre. Le gouvernement fort et redouté de Richelieu remplacé par l'administration cauteleuse et méprisée de Mazarin; la nation, déjà épuisée par de longues guerres et par des impôts arbitraires, livrée aux concussions des fermiers qui mettaient sans scrupule au pillage les deniers publics; des édits tyranniques enregistrés par la force dans des lits de justice; le despotisme abolissant partout la liberté : tel est le triste spectacle qu'offrait alors la France. A ce moment, les esprits longtemps assoupis s'éveillèrent avec angoisse et secouèrent leur torpeur. « On chercha comme à tâtons les lois, dit le cardinal de Retz, et on ne les trouva plus. » Le peuple fermentait sourdement et semblait mûr pour la révolte : les événements placèrent le Parlement à la tête de la situation.

Lamoignon, à l'exemple des Mathieu Molé et des Omer Talon, embrassa d'abord avec ardeur le parti des mécontents; on le trouve parmi les délégués qui portèrent au Parlement les protestations des maîtres des Requêtes contre deux édits nouveaux, dont l'un augmentait de douze le nombre de leurs charges et l'autre menaçait l'hérédité de toutes les charges de judicature. Mais lorsqu'il s'aperçut que les intérêts particuliers étouffaient l'intérêt général; que, parmi les chefs, les uns poursuivaient la vengeance d'une injure personnelle, les autres la gloire de grand conspirateur et le triste héroïsme des Catilina et des Fiesque ; que le peuple se laissait emporter à des violences sans but et à de vaines clameurs ; que princes, généraux, magistrats, ne songeaient qu'à se trahir : il s'arrêta, Messieurs. Il jugea que la soumission était le parti le plus sûr et le plus honorable. Il préféra la tyrannie d'un Mazarin au tumulte des factions intestines et à l'alliance dangereuse de l'étranger. Il s'entremit entre les Frondeurs et la Cour ; il exhorta ses concitoyens à la concorde et à la paix. Il contribua enfin à apaiser une rébellion dont les causes avaient été sérieuses, mais qui n'avait abouti qu'à des désordres séditieux, et à laquelle il semble que la confusion des partis et la frivolité des chefs aient attaché un mépris indélébile.

La conversion politique de Lamoignon s'accomplit avec dignité. Ce fut une retraite et non pas une défection. Il ne changea point de parti ; il s'éleva au-dessus de tous les partis, et tous lui prodiguèrent d'éclatants témoignages de leur estime. Nous n'en citerons qu'un exemple : le comte d'Ognon, partisan du prince de Condé, avait fait un traité avec la Cour ; il avait promis la cession de son gouvernement d'Aunis et celle des îles d'Oléron et de Rhé, moyennant une somme de 100,000 écus et le bâton de maréchal. Mais tout-à-coup s'éleva une difficulté imprévue : ni l'une ni l'autre des parties contractantes ne pouvait se décider à faire le premier pas ; le comte tenait en suspicion la probité ultramontaine du cardinal, qui, de son côté, toujours occupé à méditer quelque ruse contre son prochain, craignait toujours, comme il est naturel, qu'on n'en méditât contre lui. Il fallut qu'un tiers loyal et désintéressé prêtât son entremise, et ce fut Lamoignon ; les 100,000 écus furent versés entre ses mains, et le comte d'Ognon se dessaisit de son gouvernement et de ses îles.

La coopération active de Lamoignon à la pacification du royaume et son mérite incontesté avaient attiré sur lui l'attention de la Cour. Tout autre, à sa place, eût su profiter des circonstances et se pousser dans les hautes régions du pouvoir ; mais Lamoignon joignait à ses autres qualités une modestie dont on trouve peu d'exemples en même temps qu'une grande indépendance de caractère. Aussi le voyons-nous encore, à l'âge de quarante et un ans, simple maître des Requêtes. Toutefois une occasion se présenta bientôt où il allait trouver une éclatante récompense de longs et éminents services.

On était en l'année 1658 : le premier Président Pompone de Bellièvre venait de mourir et il fallait songer à lui donner un successeur. Vous concevez facilement, Messieurs, toute l'importance que la Cour devait attacher à une telle nomination. Un premier Président à Paris était le magistrat le plus influent du royaume. Il le fallait dévoué ; mais il fallait aussi qu'il fût respecté de son corps par l'ascendant de ses vertus et de ses lumières. Nul ne pouvait mieux remplir que Lamoignon des conditions si différentes et si rarement réunies. Louis XIV, quoique jeune encore, ne s'y trompa pas et il donna, en cette occasion, la première preuve de cet heureux discernement avec lequel il sut toujours, depuis, distinguer le mérite et choisir les hommes qui pouvaient être le plus utiles à sa gloire. Il voulut même que le nouveau premier Président tînt de sa propre bouche la nouvelle de la haute dignité qui lui était conférée, et en la lui annonçant, il ajouta ces paroles : « Dieu m'est témoin que si j'avais connu un plus homme de bien, un plus digne sujet, je l'aurais choisi. » Paroles bien flatteuses, Messieurs, pour celui qui en était l'objet et qui durent avoir d'autant plus de prix à ses yeux, que, dans la bouche d'un roi, elles ne pouvaient être que l'expression d'un libre hommage rendu à la vérité.

Lamoignon justifia, dans ses nouvelles fonctions, les grandes espérances que Louis XIV avait fondées sur lui : peut-être même les dépassa-t-il. Il prêta au jeune roi le concours de son activité et de ses lumières ; mais il sut en même temps conserver son indépendance. Plein de reconnaissance pour l'insigne faveur dont il lui était redevable, il se montra toujours envers lui dévoué et respectueux ; mais ce respect et ce dévouement n'eurent jamais le caractère de la flatterie. Il sut toujours être digne, n'oubliant jamais ce qu'il se devait à lui-même et à la place qu'il occupait.

Il donna, dès la troisième année qui suivit sa nomination, un éclatant exemple de sa fermeté envers le pouvoir. Ce fut à l'occasion du procès du surintendant Fouquet.

Je n'ai point à m'arrêter, Messieurs, sur les circonstances qui accompagnèrent la chute de ce fameux financier.

Vous connaissez le scandale de son ambition et de ses richesses amassées dans les dilapidations du Trésor public; la témérité, vraie ou fausse, de ses folles amours, et cette influence singulière qu'il exerça sur l'élite de la société de son temps, par l'attrait irrésistible de son esprit, de ses grandes manières et de sa somptueuse hospitalité; les sourdes menées et les révélations officieuses de Colbert contre son ancien patron; les manœuvres et la longue dissimulation du roi, qui conspira pendant cinq mois contre un ministre qui, outre ses déprédations, avait encore le tort plus grand peut-être à ses yeux d'avoir été son rival; enfin l'insolente splendeur des fêtes de Vaux et l'exaspération de Louis XIV poussée à bout par cette magnificence princière d'un parvenu qui semblait insulter à la Majesté Royale. Arrêté tout-à-coup à Nantes, Fouquet avait été transféré à Vincennes, puis à la Bastille.

On l'accusait de complot contre l'Etat et de malversation. Innocent sur le premier chef, Fouquet était sur le second manifestement coupable. Cependant les crimes de ce genre étaient malheureusement autorisés par des exemples illustres, et le surintendant n'avait guère fait que continuer dans les finances le désordre qu'y avait apporté le cardinal Mazarin. Son administration d'ailleurs avait été légère et imprévoyante, plus encore que frauduleuse; et ses concussions avaient été accompagnées d'un si grand air de libéralité, qu'il semblait qu'elles lui eussent fait plus de partisans que n'avaient fait à d'autres ministres une probité irréprochable. Enfin, il avait occupé longtemps le poste de procureur général, qui conférait au titulaire le privilége d'être jugé par le Parlement. Il venait, il est vrai, de s'en défaire, par le conseil insidieux de Colbert, et même, dans son aveugle générosité, il en avait offert le prix au trésor royal; mais le Parlement ne pouvait manquer de s'intéresser à son sort. La condamnation de Fouquet était donc seulement probable, et elle ne pouvait être que douce. Mais le Roi et le ministre la voulaient certaine et cruelle : ils livrèrent Fouquet à une commission dont Lamoignon fut nommé président. Celui-ci, à la suite de violentes altercations, vivait en rupture ouverte avec le surintendant ; on ne pouvait donc soupçonner sa partialité à son égard et l'on comptait même sur sa rigueur.

Mais Lamoignon était incapable de faire entrer en balance les intérêts de la justice avec ses ressentiments personnels. Il oublia les torts de Fouquet ; il se souvint seulement que celui-ci était accusé et qu'il était son juge. Inaccessible aux sollicitations de ses amis, il le fut aussi aux suggestions de ses redoutables adversaires et il opposa à la mauvaise foi de ces derniers la plus énergique résistance. Il se prêta à tout ce que la justice permettait d'indulgence et d'humanité, réglant toute sa conduite sur ce grand principe que l'accusé est réputé innocent jusqu'au jugement qui le condamne. Il prit soin que Fouquet pût communiquer librement avec un conseil que les lois en vigueur lui permettaient de lui refuser, et il imposa silence à Colbert qui cherchait à sonder ses dispositions secrètes, en lui répliquant : « un juge ne donne son avis qu'une fois et sur les fleurs de lys. » Bientôt après, le Roi le fit mander. Ennuyé des lenteurs de la procédure, il voulait que l'on passât outre à la récusation de deux magistrats faite par Madame Fouquet et qu'ils fussent nommés rapporteurs. Lamoignon soutint vainement les droits de l'accusé ; il dut céder à une volonté plus forte que la sienne. Il offrit sa démission : elle ne fut pas acceptée ; mais, dès ce jour, il ne parut presque plus aux séances, prouvant ainsi, qu'il n'entendait pas prendre la responsabilité d'un arrêt rendu sur une procédure aussi illégale. Ses absences devinrent même si fréquentes, que la Cour fut contrainte de lui donner un successeur. Elle choisit le chancelier Séguier, ennemi juré de Fouquet, et qui devait entrer mieux que Lamoignon dans les vues de ceux qui conspiraient sa perte.

Vous savez, Messieurs, quel fut le résultat de cet acharnement de Louis XIV et de ses ministres à faire prononcer contre le surintendant la peine de mort. L'opinion publique, qui s'était d'abord déclarée contre lui à cause de ses exactions, se modifia dans les trois années que dura ce fameux procès. On en vint à le plaindre et à le considérer comme une victime de la jalousie et de l'injustice ; et lorsque ces longs débats se terminèrent par une condamnation à l'exil, on l'accueillit avec joie comme un triomphe remporté sur ses ennemis. Quant au roi, prenant le contre-pied du droit attribué à la clémence royale d'adoucir les peines des condamnés, il aggrava la sentence de Fouquet, et, au lieu de l'envoyer en exil, il le fit conduire prisonnier à Pignerol.

Tel fut, Messieurs, le rôle plein de grandeur de Lamoignon dans cette grave circonstance : il n'avait pas craint de mécontenter le vindicatif monarque, en refusant de servir d'instrument à sa vengeance.

Mais ce procès n'est qu'un épisode dans la vie du premier Président ; la noblesse et la dignité dont y il fit preuve, se retrouvent dans toute sa conduite comme chef du Parlement. Pendant près de vingt années, il sut tenir sa charge à une hauteur de considération et d'estime où nul ne la maintint depuis, et il s'appliqua de tous ses efforts à rehausser l'éclat de l'auguste Compagnie dont il s'honorait d'être le premier membre.

Le Parlement de Paris avait eu pendant longtemps une grande influence. Il avait pris la place des Etats-Généraux, dont la convocation était devenue de plus en plus rare, et avait réussi, pendant la durée du XVIe siècle, à faire accepter son contrôle sous le nom de droit d'enregistrement. Mais cette influence, déjà amoindrie sous Henri IV et sous Louis XIII, avait entièrement cessé depuis le jour où Louis XIV, revenant de la chasse, était entré, une cravache à la main, au milieu des chambres assemblées et leur avait jeté ces paroles restées célèbres : « l'État, c'est moi. » Depuis lors, le Parlement privé de cette indépendance morale qui fait la force d'un grand corps, était tombé dans une profonde léthargie. Lamoignon, dès qu'il fut à sa tête, secoua cet engourdissement. Sans doute, il ne lui rendit pas son ancienne initiative sur le gouvernement de l'État ; un pareil retour eût été impossible, avec un prince tel que Louis XIV, et Lamoignon lui-même n'y songeait pas. Il avait foi dans la royauté ; il la voulait forte et inviolable, il eût désiré seulement que son autorité fût balancée par la surveillance d'un corps éclairé tel que le Parlement. Sans réclamer pour ce corps le rôle actif qu'il avait eu autrefois, il voulait qu'on lui laissât un rôle conservateur. C'était la théorie que d'Aguesseau exprimait bien des années après en ces termes : « Être comme la voix de la patrie qui réclame toujours la règle et la loi ; qui, dans les temps difficiles, proteste sagement pour le bien public, et, dans les jours plus tranquilles, rappelle le souvenir de l'ancien ordre de l'État et ramène la patrie à ses véritables principes, telle est non-seulement la gloire, mais l'obligation d'une Compagnie qui est comme la dépositaire des intérêts publics. » Une telle théorie était peu du goût de Louis XIV, imbu de sa toute puissance et de sa mission divine ; mais Lamoignon sut concilier le respect qu'il devait au roi avec l'accomplissement de ses devoirs et le maintien de sa dignité. Dans plus d'une occasion, il ne craignit pas de s'élever contre des tendances qu'il croyait funestes et contraires aux traditions nationales. C'est ainsi que, dans un lit de justice que le roi tint en 1664, il se hasardait à lui adresser ces paroles : « Que Votre Majesté veuille bien s'accommoder à nos formes, suivant l'usage reçu, de tout temps, dans la monarchie. » Un tel langage était fait pour relever le Parlement aux yeux de l'opinion et à ses propres yeux. Si Lamoignon ne put parvenir à vaincre les défiances de

Louis XIV à l'égard de la haute magistrature, s'il ne put lui persuader que son zèle à maintenir ses prérogatives, bien loin d'être un danger, la rendaient plus digne de s'associer à ses desseins, du moins maintint-il bien haut aux yeux de tous l'idéal de l'auguste Compagnie qui était une des libertés, une des gloires de notre vieille France, et lui conserva-t-il en puissance morale ce qu'elle avait perdu d'autorité réelle et politique.

Peut-être même, dans une circonstance critique, lui dut-elle son salut ou du moins la conservation de son intégrité.

Nous voulons parler du projet de la Réformation de la justice. Un grand nombre de Parlementaires voyaient ce projet de mauvais œil, par cela seul qu'il avait le caractère d'une innovation. La *Cohue des Enquêtes*, nom que le cardinal de Retz donnait à la cinquième Chambre, se préparait à des résistances dont elle croyait que la Cour serait fort embarrassée : celle-ci, au contraire, n'attendait qu'une fausse démarche du Parlement pour frapper un grand coup et être autorisée à la suppression de la cinquième chambre. Il est avéré que les affidés de Colbert insinuèrent au premier Président qu'il fallait aigrir les esprits, au lieu de les calmer. On alla même, dit-on, jusqu'à lui faire des promesses d'argent, afin qu'il laissât la Chambre récalcitrante se compromettre, et au besoin même qu'il l'y poussât. C'était bien mal connaître l'homme auquel on s'adressait. Lamoignon demeura incorruptible. Il ne balança pas à sacrifier ses intérêts, ceux de sa popu-

2

larité, au salut de ses collègues et de s'exposer momentanément au soupçon d'être du parti de la Cour. Il calma la chaleur des oppositions, en ouvrant les yeux des mécontents sur leurs véritables intérêts, et la malveillance du ministère fut pleinement déconcertée.

Loin d'être défavorable, pour sa part, aux projets de réforme, Lamoignon en avait été, au contraire, l'instigateur, et cette heureuse initiative est l'un de ses plus beaux titres de gloire aux yeux de la postérité. Avec son intelligence si solide et si éclairée, son grand amour du bien, l'idée haute et solennelle qu'il se faisait de la justice, il souffrait, depuis longtemps, de voir la France coupée et comme morcelée en coutumes et en jurisprudences diverses. Il sentait que, dans sa situation, il lui était donné de faire quelque chose pour remédier à ce mal et il avait conçu le projet de faire donner au royaume une législation civile uniforme.

Cette idée, Messieurs, de réunir toutes nos lois en un seul Code, remonte au roi Louis XI. Parcourant un jour un de ces recueils de Coutumes où les patois les plus discordants laissaient échapper, à chaque page, la variété et la rudesse de la jurisprudence primitive, toujours absorbé par sa pensée de l'unité moderne : « Je voudrais, dit-il, que toutes les lois de la France fussent écrites en français et dans un beau livre. » Ce vœu de Louis XI était prématuré. Il fallait que la fusion se fît dans les peuples avant de se faire dans les lois et que le pouvoir royal achevât sa victoire sur la féodalité. Mais lorsque, deux siècles plus tard, l'unité nationale eût été conquise, le moment semblait venu, de faire paraître le beau livre rêvé par Louis XI. Il parut en effet, et l'éternel honneur en revient à Lamoignon.

Son *Recueil des Arrêtés*, publié après de longues et patientes recherches, forme un véritable projet de Code civil. Parmi les dispositions qu'il renferme, les unes sont empruntées au Droit Romain, les autres sont puisées dans les Coutumes; il en est plusieurs qui proclament un droit nouveau. L'article 1er est du nombre de ces dernières. « Nous voulons, fait-il dire à Louis XIV dans cet article, à l'exemple du roi saint Louis notre aïeul et de plusieurs autres rois nos prédécesseurs, en accordant à tout notre royaume ce qu'ils ont ordonné pour quelques endroits seulement, que tous nos sujets soient libres et de franche condition...; sans que les Seigneurs puissent prétendre aucuns droits, en vertu des Coutumes auxquelles nous avons dérogé. » On reconnaît, à ces termes, les vues supérieures d'un homme qui devance l'esprit de son siècle et devine de salutaires révolutions.

Les Arrêtés de Lamoignon, Messieurs, tiennent un rang à part dans les monuments de notre législation. Ce n'est pas un traité ordinaire, c'est une loi qui porte les caractères essentiels de la vitalité et à laquelle rien ne manque, si ce n'est le sceau de l'Etat[1].

---

[1] Les arrêtés de Lamoignon, bien que n'ayant jamais reçu la sanction législative, furent souvent invoqués devant les Parlements; les magistrats y puisèrent plus d'une fois les motifs de leurs décisions.

Lamoignon présenta au roi un projet de réforme d'après ce beau modèle, et grâce à lui, la France allait peut-être jouir de l'unité de législation. Mais combien, dans la vie des peuples, les événements les plus graves ne sont-ils pas souvent ou décidés ou arrêtés par les causes les plus frivoles !

Deux ministres, Colbert et Letellier, voyaient avec anxiété la faveur croissante de Lamoignon. Letellier, qui connaissait son caractère obligeant jusqu'à la faiblesse, alla le prier de lui céder une occasion si belle de bien mériter de l'Etat et du roi : Lamoignon eut le tort d'y consentir. Les deux ministres s'adjoignirent le Conseiller d'Etat Pussort, auquel ils confièrent successivement la rédaction de l'Ordonnance civile de 1667 et celle de l'Ordonnance criminelle de 1670.

Pussort, oncle de Colbert et sa créature, s'était signalé dans le procès Fouquet par un zèle de sévérité que Madame de Sévigné qualifie, dans ses Mémoires, *d'emportement et de rage*. Homme d'un naturel insociable, prévenu de son sens, emporté dans ses prétentions, il avait encore, considéré comme réformateur, un plus grave défaut : c'était le manque d'étendue et d'élévation dans les idées. Quand l'Ordonnance civile fut entièrement rédigée, il voulut, d'accord avec Colbert et Letellier, la soustraire à l'examen du Parlement et la faire enregistrer dans un lit de justice. Instruit de ce projet, injurieux pour la magistrature, Lamoignon résolut d'en prévenir l'exécution. Il alla trouver le roi, et feignant d'ignorer ce qui se passait, il le pressa de réaliser enfin la révision des lois. « M. Colbert, lui dit le roi, emploie actuellement M. Pussort à ce travail ; voyez M. Colbert et concertez-vous ensemble. » La communication que le premier Président fit à Colbert, en vertu de cette réponse, dévoila tout le mystère et mit les auteurs du projet dans la nécessité de faire connaître leur travail au Parlement[1]. Ainsi s'établirent ces conférences célèbres, où il ne fallut rien moins que la sagesse et la présence d'esprit de Lamoignon, pour tempérer les volontés absolues de l'impérieux Pussort. Mais il ne put, malgré ses efforts, changer le fond même d'un édit préparé sans sa participation. *Pompeusement donnée pour la réformation de la justice*, l'Ordonnance de 1667 s'était réduite, sous la main étroite de son rédacteur, à une refonte de Procédures ; il y avait loin de là à la vaste conception des Arrêtés, et il fallait que plus d'un siècle s'écoulât, avant que les vœux prophétiques du premier Président fussent entendus et remplis.

L'Ordonnance criminelle, publiée au mois d'août 1670, ne laisse pas moins à désirer que l'Ordonnance civile, toujours grâce à la funeste influence de Pussort. Un esprit de sévérité mal entendu lui fit maintenir les dures dispositions de l'Ordonnance de Villers-Cotterets, contre les maximes plus justes et plus humaines de Lamoignon. Celui-ci, toutefois, obtint la modification d'un article de

---

[1] Les conférences sur l'Ordonnance civile s'ouvrirent le 26 janvier 1667 et se terminèrent le 15 mars suivant, après avoir occupé quinze séances.

l'ordonnance, qui portait interdiction absolue aux accusés de recourir au ministère des avocats.

Quelques années plus tard, il purgeait la pratique judiciaire d'un usage qui la déshonorait. Ce fut sous sa présidence et sur les conclusions d'un de ses fils, Avocat général, que le Parlement de Paris rendit son célèbre arrêt de règlement du 16 février 1677, qui supprimait, dans les Procédures en nullité de mariage, l'odieuse et ridicule épreuve du Congrès.

Législateur profond et éclairé, Lamoignon se montra aussi politique habile : on le vit conduire en diplomate émérite une affaire très délicate. La Cour de Rome avait mis à l'*index* deux thèses soutenues en Sorbonne qui établissaient l'indépendance des rois au temporel, et voulait que le décret de condamnation fût publié en France. La Sorbonne s'agitait et le Parlement semblait disposé à soutenir sa résistance ; de son côté le nonce réclamait hautement les droits de l'Eglise. Il n'en eût pas fallu davantage, en d'autres temps, pour provoquer une rupture. Mais il n'en fut rien, grâce au premier Président. Lamoignon, plus que personne, était dévoué à ces maximes gallicanes presque aussi vieilles que notre histoire et qui toujours attaquées, entamées quelquefois et jamais détruites, forment encore aujourd'hui un des abris du pouvoir et des fondements de l'Etat. Plus que personne, il entendait que l'Etat et l'Eglise jouissent réciproquement d'une indépendance complète. Il était donc d'accord avec le Parlement et la Sorbonne dans le conflit qui venait de s'élever ; mais son esprit conciliateur sut conjurer les périls de la situation. Il adoucit la Sorbonne, il rassura le Parlement ; enfin il sut éconduire si gracieusement le nonce du pape, que celui-ci déclara, en le quittant, « qu'il n'avait qu'à changer en remercîments les demandes qu'il était venu faire. »

Captivé par ce mélange de droiture et de finesse, Louis XIV aima Lamoignon ; il l'admit dans ses conseils presque au même rang que Colbert ; il chercha souvent des lumières dans la contradiction habituelle de ces deux esprits éminents mais opposés, et quelquefois il préféra l'avis du magistrat à celui du ministre. C'est ainsi que dans la crise financière de 1672, il adopta le système des emprunts que blâmait Colbert, mais que Lamoignon recommandait comme plus léger pour le peuple qu'une aggravation d'impôts.

L'occupation que lui donnaient les grandes affaires de l'Etat n'empêchait pas le premier Président de venir assister aux audiences du Parlement. Il prenait plaisir à siéger parmi ses collègues et éclairait leurs délibérations des lumières de son expérience. La main pieuse d'un ami ou d'un admirateur inconnu, a sauvé de l'oubli quelques-unes de ses mercuriales, « éloquents et graves discours, dit Fléchier, qui enseignaient et qui inspiraient tous les ans la justice, et dans lesquels, formant l'idée d'un homme de bien, il se décrivait sans y penser. » Vous nous permettrez, Messieurs, d'en citer quelques passages.

Lamoignon y exalte d'abord en ces termes la grandeur de sa profession : « Le caractère du magistrat, dit-il, n'est pas une de ces qualités creuses qui promettent beaucoup et qui donnent peu, qui ont de la couleur et de l'éclat, mais qui ne sont qu'apparence et que montre... En effet, continue-t-il, que pensez-vous que soit le magistrat qui s'acquitte de son devoir? C'est un homme qui semble né pour faire régner les lois, mais qui le fait bien plus par la sainteté de ses actions que par l'autorité de sa charge; la licence qui se serait défendue contre la sévérité du commandement ne peut résister à la douceur de son exemple; elle a honte de ne pas imiter ce qu'elle admire, et de ne point obéir à une personne qui ne persuade l'obéissance que par l'imitation de sa vertu. »

Lamoignon confond ensuite ces magistrats qui, avec les insignes de leurs charges, pensaient en revêtir les mérites: « Les grands emplois demandent de grands artisans; mais ils ne les font pas tels qu'ils les demandent. Ce n'est pas la pourpre ni l'hermine qui font l'excellent magistrat. C'est l'intégrité et le savoir; c'est l'amour de la vertu et le zèle de la justice; et ce sont là des qualités personnelles. On ne le loue pas parce que son caractère le rend arbitre de la fortune et de la vie des hommes, mais parce que sa vertu force chacun d'avouer que c'est assurer la fortune et la vie des hommes que de les confier en de telles mains. »

Plus loin, il trace au magistrat des règles de conduite envers les plaideurs, envers le souverain et envers le peuple. « Le plaideur, dit-il, tout injuste et déraisonnable qu'il est dans ses prétentions, est un homme comme vous. Son importance vous déplaît? Il n'est pas obligé de vous plaire ; c'est un aveugle qui s'égare, redressez-le doucement ; si la justice ne vous permet pas de le soulager, l'humanité vous ordonne de le plaindre... Mais, ajoute-t-il, en fuyant la rigueur, évitons l'extrémité opposée : une douceur molle et un désir immodéré de se faire aimer, peuvent causer de grands maux dans notre profession. » Vis-à-vis du souverain, Lamoignon commande au magistrat de servir le maître, mais sans jamais lui sacrifier les lois ; et il termine par ce sage conseil : « La vérité ne sera pas faible et tremblante dans votre bouche, mais elle ne sera pas aussi superbe et indiscrète ; vous trouverez ce tempérament si difficile et si rare entre une lâche complaisance et une manifeste contradiction. » Enfin, vis-à-vis du peuple, il veut que le magistrat s'en montre le soutien et non le flatteur ; « qu'il sache affronter les cris de la populace aussi courageusement que le visage irrité du roi, et qu'il marche au-devant de la mort même avec tranquillité et avec cet air éclatant de grandeur qui accompagne une âme intrépide. »

Voilà les seuls magistrats à qui Lamoignon décerne le nom de grands. Quant aux autres, « on ne les appellera jamais, s'écrie-t-il, ni les pères du peuple, ni les appuis du royaume : ces titres magnifiques ne sont pas pour de petites âmes ; ce ne sont pas les ornements d'une naissance sans vertu, ni d'une fortune sans mérite : on ne peut ni les donner ni les vendre. »

Telles étaient les grandes et nobles maximes que Lamoignon proposait aux méditations de ses collègues dans les séances solennelles du Parlement ; et l'éclat de ses paroles était encore relevé par l'immense autorité qui s'attachait à son nom.

Il ne restait à Lamoignon qu'un pas à franchir, pour atteindre au sommet de la magistrature. La dignité de Chancelier était devenue vacante et l'opinion publique le désignait pour la remplir. Mais il déclina cette grande récompense, due à ses glorieux services. « C'est un titre de royauté, disait-il ; et le royaume est encore à conquérir ; » faisant allusion sans doute à cette unité de législation qu'il avait si vivement souhaitée et qu'il n'avait pu faire établir. Lamoignon, d'ailleurs, préférait à l'incessant labeur du gouvernement et à l'âpre jouissance des honneurs, les soins ordinaires de la justice et les loisirs d'une vie studieuse et retirée. Les instants qui lui étaient le plus précieux étaient ceux qu'il consacrait à sa famille, famille unie et prospère qui l'environnait de sa tendresse et de sa vénération [1].

Il aimait les lettres et leur accordait un patronage éclairé. Son château de Bâville était, pendant les vacances du Parlement, le rendez-vous des écrivains et des poètes. Bourdaloue et Boileau, surtout, formèrent avec lui une liaison étroite : ce fut lui qui, après une aventure vérita-

---

[1] Lamoignon avait épousé la fille du secrétaire d'Etat, Ocquerre, dont il eut plusieurs enfants. L'aîné, Chrétien-François, fut président à mortier au Parlement de Paris et grand-père de Malesherbes.

ble, défia ce dernier de raconter en vers épiques la querelle d'un chapitre au sujet d'un lutrin, et la France lui doit ainsi le chef-d'œuvre des poèmes héroï-comiques.

Vers le même temps, l'esprit satirique de Boileau rendait un signalé service à Lamoignon et au Parlement tout entier.

L'Université de Paris songeait à présenter requête au Parlement pour empêcher l'enseignement de la philosophie de Descartes : Lamoignon voulait à tout prix sauver sa compagnie du ridicule d'un arrêt en faveur d'Aristote. Ce fut alors que Boileau, averti par le premier Président de ce qui se passait, rédigea le fameux arrêt burlesque : « Donné en la grand'Chambre du Parlement, en faveur des maîtres ès-arts, médecins et professeurs de Stagyre, au pays des Chimères ; » lequel « enjoint au cœur de continuer à être le principe des nerfs, nonobstant toute expérience à ce contraire ; fait défenses au sang d'être plus vagabond, errer ni circuler dans le corps, sous peine d'être entièrement livré à la Faculté de médecine, et ordonne aux répétiteurs Hibernois de courir sus aux contrevenants, à peine d'être privés du droit de disputer sur les prolégomènes de la Logique ; bannit en outre à perpétuité la Raison des écoles de l'Université, lui fait défenses d'y entrer, troubler ni inquiéter Aristote dans la possession et jouissance d'icelles, à peine d'être déclarée janséniste et amie des nouveautés. » On raconte que la plaisanterie fut poussée plus loin. Le greffier Dongois, neveu de Boileau, glissa parmi d'autres expéditions, une copie de cet arrêt facétieux sur le bureau du premier Président ; mais celui-ci, qui ne signait aucun acte sans le lire, s'aperçut de la fraude et dit en souriant : « A d'autres !!... Voilà un tour de Despréaux. » Cette plaisanterie, Messieurs, porta ses fruits : l'Université n'osa présenter sa requête et l'honneur de deux grands corps demeura sauf.

Ce fut dans sa terre de Bâville, au milieu de sa famille et de ses amis, que la mort vint surprendre Lamoignon. Encore plein de santé et de vigueur, il succomba en quelques jours à une maladie soudaine et violente : il expira le 10 décembre 1677, à l'âge de soixante ans.

Ses restes reçurent les honneurs réservés aux princes de la magistrature, et Fléchier prononça solennellement son éloge. Mais la douleur publique éclipsa la pompe de ses funérailles, et son plus bel éloge fut celui qui volait dans toutes les bouches.

Le peuple perdit en lui un bienfaiteur dont il avait ressenti la charité infatigable ; le Parlement, un chef bien-aimé dont le savoir éclairait ses délibérations et dont le courage et la vertu sauvegardaient ses derniers priviléges. Le roi le regretta comme un conseiller fidèle dont les censures même ne l'irritaient pas ; et quelques années plus tard, tous les esprits judicieux pensèrent avec tristesse que sa fermeté douce et imposante eût peut-être sauvé la France d'un édit impolitique et cruel.

Le Président de Lamoignon est resté dans nos annales comme le type auguste du grand magistrat. L'éclat de ses qualités personnelles et la dignité de son caractère lui valurent l'estime et le respect de ses contemporains, et longtemps après sa mort, le souvenir de ses vertus était encore vivant dans les esprits.

Le chancelier d'Aguesseau l'appelle « un de ces illustres magistrats, dont la mémoire, honorée des savants, utile aux gens de bien, chère à leur Compagnie, est en possession de l'immortalité; » et Bossuet, prononçant l'oraison funèbre d'un ministre de Louis XIV [1], ne croit pouvoir lui donner une plus belle louange que de le comparer à Lamoignon et de mettre, par une image sublime, sa mémoire, sous la protection de cette mémoire vénérée.

« Le prince, dit-il, quelque grand qu'il soit, ne connaît sa force qu'à demi, s'il ne connaît les grands hommes que la Providence fait naître en son temps pour le seconder. Ne parlons pas des vivants, dont les vertus non plus que les louanges ne sont jamais sûres dans le variable état de cette vie. Mais je veux ici nommer par honneur le sage, le docte et le pieux Lamoignon, que notre ministre proposait toujours comme digne de prononcer les oracles de la justice dans le plus majestueux de ses tribunaux. La justice, leur commune amie, les avait unis; et maintenant ces deux âmes pieuses, touchées sur la terre du même désir de faire régner les lois, contemplent ensemble à découvert les lois éternelles dont les nôtres sont dérivées; et si quelque légère trace de nos faibles distinc-

---

[1] Bossuet, *Oraison funèbre de Michel le Tellier*.

tions paraît encore dans une si simple et si claire vision, elles adorent Dieu en qualité de justice et de règle. »

Guillaume de Lamoignon, Messieurs, n'est peut-être pas du petit nombre de ces hommes extraordinaires, dont le passage a laissé dans l'histoire une trace lumineuse, et qui se sont élevés au-dessus de la foule de leurs semblables par des actions sublimes, par la puissance d'un génie inventeur, ou par l'éclat foudroyant de l'éloquence. Mais il eut le rare privilége de réunir à un haut degré ces talents et ces vertus qui, balancés dans un juste équilibre, forment cet ensemble harmonieux, qui est la perfection de la sagesse. Sans être au premier rang, parmi cette pléïade d'illustrations qui entourent comme d'une auréole le siècle de Louis-le-Grand, il y tient cependant une place honorable, celle qui revient à tout homme qui a eu la gloire d'être le premier magistrat de son époque. Né à l'aurore de ce beau siècle, il lui fut donné d'assister à l'épanouissement de la Royauté et de la servir aux jours les plus brillants de sa grandeur et de sa puissance. Etrange caprice de la fortune ! Cent ans plus tard, cette même royauté déchue et traduite devant une Assemblée nationale, devait trouver dans un autre Lamoignon un dernier et héroïque défenseur.

www.ingramcontent.com/pod-product-compliance
Lightning Source LLC
Chambersburg PA
CBHW060903050426
42453CB00010B/1562